Reinaldo Domingos
José Santos

O menino do dinheiro em cordel

Ilustrações de
Luyse Costa

Presidente: Reinaldo Domingos
Coordenadora Editorial: Renata de Sá
Projeto gráfico: Christine Baptista
Editora de Arte: Marisa Corazza
Ilustrações: Luyse Costa
Revisão: Daniel Febba e Sady Folch
Fonte da Capa: Eldes Oliveira
www.eldes.com.br/tipografia-fonte-eldes-cordel

Rua Alba, 88 – Parque Jabaquara
CEP: 04346 000 – São Paulo – SP
Tel.: 11 3177 7800
www.editoradsop.com.br

2ª Edição 2023

Dados Internacionais de Catalogação na Publicação (CIP)
(Câmara Brasileira do Livro, SP, Brasil)

Domingos, Reinaldo
O Menino do Dinheiro em Cordel/Reinaldo Domingos, José dos Santos; ilustrações de Luyse Costa. -- 2. ed. -- São Paulo : Editora DSOP, 2023. -- (Coleção o menino do dinheiro)

ISBN 978-85-8276-605-7

1. Cordel – Literatura infantojuvenil
2. Dinheiro – Literatura infantojuvenil
3. Finanças – Literatura infantojuvenil
I. Santos, José. II. Costa, Luyse.
III. Título. IV. Série.

23-180788 CDD-028.5

Índices para catálogo sistêmico:

1. Educação financeira: Literatura infantil 028.5
2. Educação Financeira: Literatura infantojuvenil 028.5

Dedico essa obra aos apaixonados pelo Cordel e àqueles que, a partir dessa história, se encantarão pelo gênero literário que é a cara do Brasil.

Meu agradecimento em especial ao amigo José Santos que, com sua simplicidade, captou a essência da narrativa e construiu esse grande sonho que é O Menino do Dinheiro em Cordel.

Reinaldo Domingos

Para Jô Oliveira e Marco Haurélio, mestres nas artes e ofícios do cordel.

José Santos

Muito popular entre os alunos das escolas públicas e privadas do país, nas quais ficou conhecido em livros paradidáticos essenciais para quem quer aprender desde cedo a cuidar do próprio dinheiro e realizar sonhos, o nosso Menino do Dinheiro criou asas, alcançando voos mais longos.

Chegava a hora de fazer literatura com o nosso personagem. E já que ele tem os avós no nordeste, por que não contar uma história que tivesse como pano de fundo as terras nordestinas e como trilha sonora as violas dos repentistas.

Para isso, resolvi chamar o escritor José Santos, autor da casa com larga experiência na elaboração de livros nas métricas do cordel, para ser parceiro nessa empreitada.

Das nossas muitas conversas e da pesquisa diligente nas fontes da cultura popular surgiram os temas que trazemos aqui para vocês, por meio desse fantástico encontro do Menino do Dinheiro com a dupla de repentistas, Chico e Maneco.

Espero que os leitores do Menino do Dinheiro apreciem essa sua nova aventura.

Boa leitura.
Reinaldo Domingos

Do Menino do Dinheiro,
nova história vou contar.
Ela é todinha em versos,
dá até pra cantar
as andanças de um garoto
que resolveu viajar.

ELE FEZ O ORÇAMENTO
DA VIAGEM TÃO SONHADA.
UM PORQUINHO INTEIRO ENCHEU,
POUPANDO TROCO E MESADA –
O BILHETE FOI BARATO
NA COMPRA ANTECIPADA.

Comprou passagem sozinho,
juntando cada tostão.
Realizou o seu desejo
de andar de avião
e visitar o avô
que não via há um tempão.

Em Recife, o esperava
vô Reinaldo Aparecido
que tinha grande bigode,
cada dia mais comprido.
Se puxasse uma das pontas,
chegava até o ouvido.

A FAMÍLIA SE ALEGROU.
FOI UM TAL DE FESTEJAR:
TAPIOCA NO CAFÉ,
CARNE DE SOL NO JANTAR.
E SEMPRE DE TARDEZINHA
IAM PARA A BEIRA MAR.

CERTO DIA, NOSSO HERÓI
QUIS VISITAR O MERCADO.
DIZEM QUE LÁ TEM DE TUDO
DO QUE PODE SER PLANTADO,
E TAMBÉM QUALQUER BRINQUEDO
QUE UM DIA FOI INVENTADO.

VIU FEIJÃO, VAGEM, TEMPEROS,
CAMINHÕES DE MACAXEIRA,
MILHÕES DE ESPIGAS DE MILHO,
PANELA, FOICE, PEIXEIRA.
ALÉM DE RENDAS, BONECAS,
BOLA, CARRO, ATIRADEIRA.

Tinha bichos perigosos,
lagartos de meter medo.
Na aranha bem peluda
chegou a passar o dedo
pegou a cobra na mão,
mas tudo era de brinquedo.

Viu também, ali adiante,
uma aglomeração
rodeando dois senhores
que tocavam violão,
e cantavam muito alto,
divertindo a multidão.

Eles eram cantadores,
uma espécie de artista
que faz verso de improviso.
É gente muito benquista,
que encanta os nordestinos
e, também, qualquer turista.

UM DELES TEM POR NOME
CHICO DO BOLSO FURADO,
QUE NÃO LIGA PRA DINHEIRO,
VIVE SEMPRE ENDIVIDADO.
E O OUTRO É SEU MANECO,
UM SUJEITO EQUILIBRADO.

SEU MANECO BEM CONHECE
AS ARTES DA CANTORIA.
NÃO GASTA DINHEIRO À TOA
E GOSTA DE ECONOMIA.
GANHOU ATÉ APELIDO,
MAS ISSO CONTO OUTRO DIA.

E o jovem Reinaldinho
parou para acompanhar
um duelo de poesia,
sem hora para acabar.
As violas afinadas
soltavam fogo no ar.

Um pergunta, outro responde;
E, quem não sabe, inventa.
Quem pode muito encurta,
quem pode pouco aumenta.
Um cutuca, o outro cutuca,
com veneno e com pimenta.

Chico do Bolso Furado
– Eu vejo que meu amigo
é homem muito ilustrado.
Vasculhe sua memória
e diga bem versejado
as frases que a gente fala
para não vender fiado.

MANECO NÔMICO

– SE VOCÊ VEM CÁ POR BEM,
PODE ENTRAR, A CASA É SUA.
MAS SE QUER PEDIR FIADO,
É MELHOR FICAR NA RUA
E AGORA, CONTE OUTRA,
QUE A VIDA CONTINUA.

CBF

– O FREGUÊS BEM EDUCADO
SE PORTA COM DISTINÇÃO.
NÃO FICA FAZENDO FUTRICA
E EVITA CUSPIR NO CHÃO.
JAMAIS VEM PEDIR FIADO
E NUNCA DIZ PALAVRÃO.

MN

— Termino mostrando esta
que vi em Minas Gerais:
"pra comprar fiado aqui
só com cem anos ou mais,
ainda trazendo junto
os avós ou um dos pais".

CBF

– Quem souber esta adivinha,
fale alto e bem ligeiro.
Responda: qual o lugar
onde um pobre marceneiro,
usando somente as mãos,
facilmente acha o dinheiro?

MN

– A RESPOSTA ATÉ QUE É FÁCIL:
O NOSSO AMIGO OPERÁRIO,
QUE LABUTA O MÊS INTEIRO
PARA GANHAR SEU SALÁRIO,
SÓ ACHA DINHEIRO FÁCIL
LÁ NO "D" DO DICIONÁRIO.

CBF

— Responda, então, a charada
que aprendi com seu Macedo.
Quero agora que você
desenrole este enredo,
me dizendo a diferença
entre o troco e o segredo.

MN

– Que adivinha mais fácil
me propõe o cidadão,
pois é grande a diferença,
feito a cama e o camarão.
Se eu sempre conto o troco,
segredo, não conto não.

CBF

– SE O SUJEITO AQUI DO LADO
QUER CANTAR NESTE TERREIRO,
TEM QUE DIZER MUITO RÁPIDO
QUINZE NOMES DO DINHEIRO,
E NÃO PODE PENSAR MUITO:
ANDA, COMPADRE, LIGEIRO!

MN

– JÁ GUARDEI NO MEU COFRINHO
NÍQUEL, PRATA E TOSTÃO,
BUFUNFA, COBRE, VINTÉM,
MERRECA, MIRRÉIS, BARÃO,
PATACA, ARAME, PACOTE,
POROРÓ, TUTU, MILHÃO.

CBF

– Pois já gastei tudo isso,
que poupar não é pra mim.
Torrei os meus bagarotes,
e na jiripoca dei fim.
Pra que ter gaita, grana,
couro de rato, dindim?

MN
– Você é esbanjador,
isso não acho bonito
ficou durango, quebrado,
janta água com palito,
vive só na pindaíba,
matando cachorro a grito.

CBF

– Há um pouco de verdade
no que falou esse moço.
Ando no bico do corvo,
estou no fundo do poço.
Preciso vender a janta
pra comprar o meu almoço.

MN

– Você é um dissipador
e, já ficou estragado.
É gastão, é perdulário,
completo desgovernado.
Mão aberta, gastador,
mão furada, desregrado.

CBF

– VOCÊ É QUE É UM PÃO-DURO,
MÃO DE VACA E DE LEITÃO.
MUNHECA DE SAMAMBAIA,
MUQUIRANA E HARPAGÃO.
FORRETA, FUTRE, MESQUINHO,
RESMELENGO E SOVELÃO.

MN

– EU SOU CABRA CONTROLADO
QUE GOSTA DE ECONOMIA,
NÃO DEITO FORA O QUE GANHO,
QUE É BEM POUCO POR DIA.
POIS É PRECISO DAR DURO
PRA VIVER DE POESIA.

CBF

– Essa coisa de trabalho
não é para mim, entenda:
prefiro passar o dia
no açude da fazenda.
Mas bufunfa não me falta.
Oxente! Eu vivo de renda.

MN

– Você diz viver de renda...
Isso é mentira matreira.
Quem lhe sustenta é Aninha,
de segunda a sexta-feira,
trabalhando o tempo todo
no serviço de rendeira.

CBF

– Não precisa o amigo
abrir caixão de defunto.
Não fale da minha casa,
é melhor mudar de assunto.
Cante a nossa natureza,
que aí eu canto junto.

MN

– Vou cantar os animais
Os que habitam o Real.
O mico-leão-dourado
já fugiu do seu quintal
e dona arara-vermelha
só pousa lá no Natal.

CBF

– É VERDADE QUE JÁ TIVE
MUITA ONCINHA-PINTADA,
MAS TODAS ELAS FUGIRAM
POR UMA CERCA FURADA.
SÓ MESMO A GARÇA-BRANCA
SEMPRE PASSA EM REVOADA.

MN

– E OLHA QUE TE FALEI
PRA NÃO GASTAR TANTO EM ROUPA,
E NÃO COMPRAR PORCARIA,
POIS, PARA AQUELE QUE POUPA,
UMA MAGRA TARTARUGA
VIRA UMA OBESA GAROUPA.

CBF

– VOU LARGAR DA CANTORIA,
ELE SÓ FALA EM DINHEIRO,
INSISTE NO MESMO TEMA,
FALA DELE O TEMPO INTEIRO.
ESSE ASSUNTO NÃO ME AGRADA,
VOU BUSCAR OUTRO POLEIRO.

MN

– POIS, ENTÃO, QUE VÁ VOANDO.
QUE LHE SEJA LEVE O AR.
SE AMIGO É PRA ESSAS HORAS,
SEMPRE IREI ACONSELHAR:
"NÃO FAÇA NENHUMA DÍVIDA,
SEMPRE HÁ GENTE PRA COBRAR".

FOI ASSIM QUE TERMINOU
ESSA ALEGRE CANTORIA
QUE MISTUROU ADIVINHAS
COM TERMOS DE ECONOMIA,
GÍRIAS DO BRASIL INTEIRO,
FINANÇAS, ECOLOGIA...

TEVE DE TUDO O DUETO
DOS SENHORES DA VIOLA,
QUE MUITO DO MUNDO SABEM
SEM NUNCA TER TIDO ESCOLA,
E TIRAM ENCICLOPÉDIAS
LÁ DE DENTRO DA CACHOLA.

O menino adorou
esse encontro tão bacana–,
Aprendeu por meia hora
por mais de uma semana–,
e depois foi descansar
sob o pé da cajarana.

Valeu a pena a viagem!
Que sorte deu o menino!
Reviu avó e avô
e também, quis o destino,
que conhecesse a riqueza
do repente nordestino.

Dinheironário

As cédulas de dinheiro que circulam no Brasil já estão na sua "segunda família", sendo que a diferença entre a "primeira" e a "segunda" é mais visível. Todas elas têm marcas d'água, elementos em alto relevo e fio de segurança, entre outros, para garantir a sua legitimidade. Além disso, no verso de cada nota está estampado um animal. Vamos conhecer cada um deles:

A

Arara-vermelha
animal estampado na nota de 10 reais.

G

Garça-branca
Animal estampado na nota de 5 reais.

Garoupa
Animal estampado na nota de 100 reais.

O

Onça-pintada
animal estampado na nota de 50 reais.

L

Lobo-guará
animal estampado na nota de 200 reais.

M

Mico-leão-dourado
animal estampado na nota de 20 reais.

T

Tartaruga
Animal estampado na nota de 2 reais.

Glossário

C

Crédito

Significa que uma instituição financeira ou alguma loja confia que você irá pagá-los, após contrair uma dívida. Eles podem facilitar o pagamento dividindo o valor total do produto ou serviço em parcelas, e para isso, cobram um valor a mais, que chamamos de juros.

D

Dinheiro

É um meio convencional de troca, na forma de moedas ou cédulas, utilizado na compra de bens, serviços, trabalho etc.

Dívida

É um compromisso que alguém assume para pagar algum tempo depois, por um produto ou um serviço consumido.

E

Economizar

Orçar, poupar e não comprar tudo que aparece pela frente é fazer economia. Essa palavra também fala do sistema que organiza o dinheiro que circula dentro de uma cidade, um estado ou um país.

Endividado

Alguém que contraiu uma dívida. Essa palavra também é usada para explicar que uma pessoa fez uma dívida e está com dificuldades para pagá-la.

F

Fiado

É quando o vendedor entrega um produto ao comprador e combina com ele o pagamento para depois. Vem da palavra "confiar", que significa "ter fé".

F

Finanças
A administração do dinheiro, particular ou público.

M

Macaxeira
O mesmo que mandioca ou aipim.

Mercado
Lugar público onde se vendem produtos alimentícios, peças de artesanato e até animais vivos, como passarinhos e coelhos.

Muquirana
Aquela pessoa que não gosta de gastar dinheiro, que faz economia de uma maneira exagerada. No texto existem outras palavras que querem dizer a mesma coisa: 'harpagão', 'forreta', 'futre', 'mesquinho', 'resmelengo' e 'sovelão'.

O

Orçar
Fazer pesquisas de preço daquilo que você quer comprar.

P

Pataca
Significa dinheiro. No texto você vai encontrar várias palavras que querem dizer a mesma coisa: 'níquel', 'prata', 'tostão', 'bufunfa', 'cobre', 'vintém', 'merreca', 'merreis', 'barão', 'pororó', 'tutu', 'milhão', 'baragorte', 'jiripoca', 'couro de rato', 'gaita' e 'dim dim'.

Peixeira
Nome dado ao facão curto, no Nordeste, muito usado como arma.

Perdulário
Alguém que gasta muito, que não dá valor ao que tem. No texto existem outras palavras com o mesmo significado: 'mão aberta', 'gastador' e 'mão furada'.

P

Pindaíba

Quando uma pessoa está sem dinheiro costuma-se dizer que está na pindaíba. No texto, você encontra muitos outros sinônimos de falta de dinheiro: 'durango', 'quebrado' e 'matando cachorro a grito'.

Poupar

Guardar, economizar, encher o cofrinho com moedas.

R

Renda

É, por exemplo, o quanto de dinheiro se recebe de um salário. Porém, no texto, a palavra usada na frase "Oxente! Eu vivo de renda", serve para explicar o ganho de dinheiro sem esforço para o personagem.

Rendeira

Mulher que faz rendas, ou seja, tecido transparente de malha aberta e fina. No caso, a dona Aninha, mulher de Chico do Bolso Furado.

Repente

Canto improvisado com versos.

S

Salário

É uma quantia de dinheiro que se recebe todo mês em troca de trabalho feito de maneira regular.

T

Troco

Dinheiro devolvido pelo vendedor ao comprador que pagou a compra de algo com moeda de valor superior ao preço combinado. Por exemplo: se a bola custa R$ 30,00 e você paga com uma nota de R$ 50,00, o troco será de R$ 20,00. Confere?

Reinaldo Domingos é mestre, educador, terapeuta financeiro e doutorando pela Florida Christian University, com a tese sobre a Metodologia DSOP. Autor do best-seller Terapia Financeira e de diversos livros voltados para os públicos adulto, juvenil e infantil, publicou as séries O Menino e o Dinheiro e O Menino do Dinheiro; O Menino do Dinheiro em Cordel; Ter Dinheiro Não tem Segredo; ABCD da Educação Financeira e Mesada não é só Dinheiro. É autor, ainda, de duas Coleções Didáticas de Educação Financeira para o Ensino Básico do país, adotadas por diversas escolas públicas e privadas. E também autor do mais novo lançamento da Editora DSOP, a Coleção dos Sonhos para Educação Financeira.

Bacharel em Ciências Contábeis, pós-graduado em Análise de Sistemas e mestre em Ciência de Administração e Negócios pela Florida Christian University, Reinaldo fundou a Confirp Consultoria Contábil e foi governador do Rotary International Distrito 4610, na gestão 2009-2010. Atualmente é presidente do Grupo DSOP. É idealizador, fundador e presidente da Abefin - Associação Brasileira de Educadores Financeiros. É também o diretor da primeira pós-graduação em educação financeira - presencial e EAD - no Brasil, Reinaldo é mentor da Metodologia DSOP, que embasa todos os programas de educação financeira da DSOP.

Jonas Woreman

JOSÉ SANTOS COMEÇOU A ESCREVER SEU PRIMEIROS POEMAS POR VOLTA DOS 15 ANOS, MAS SÓ SE TORNOU ESCRITOR MUITO TEMPO DEPOIS. FOI BALCONISTA DE LIVRARIA, TRABALHOU NUM CANAL DE TV E NUM MUSEU, SEM NUNCA ABANDONAR A PAIXÃO PELA ESCRITA. JÁ TINHA MAIS DE 40 ANOS QUANDO PUBLICOU SEU PRIMEIRO LIVRO PARA CRIANÇAS E JOVENS, E A PARTIR DAÍ, NÃO PAROU MAIS. SEUS LIVROS TRATAM DE ASSUNTOS VARIADOS COMO ANIMAIS EM EXTINÇÃO, FOLCLORE, ASTRONOMIA, CULTURA PORTUGUESA, ESPORTE E ATÉ ASSOMBRAÇÕES.

TEVE SEU TRABALHO RECONHECIDO DE VÁRIAS MANEIRAS. A SELEÇÃO DE SEIS DE SEUS LIVROS PELO MINISTÉRIO DA EDUCAÇÃO ATRAVÉS DO PNBE - PROGRAMA NACIONAL BIBLIOTECA NA ESCOLA. SUAS OBRAS TAMBÉM RECEBERAM O SELO ALTAMENTE RECOMENDÁVEL, DA FUNDAÇÃO DO LIVRO INFANTOJUVENIL, A INCLUSÃO NO CATÁLOGO BRASILEIRO DA FEIRA DO LIVRO INFANTIL DE BOLOGNA, ITÁLIA E O PRÊMIO JABUTI, DA CÂMARA BRASILEIRA DO LIVRO, NA CATEGORIA LIVRO INFANTIL.

CONHECEU A LITERATURA DE CORDEL AINDA NA JUVENTUDE, QUANDO FEZ UMA LONGA VIAGEM PELO NORDESTE E SE APAIXONOU PELA POESIA POPULAR. NUMA PARCERIA COM OS MESTRES, JÔ OLIVEIRA E MARCO HAURÉLIO, PUBLICOU *HISTÓRIAS DE COMBATES, AMORES E AVENTURAS DO VALOROSO CAVALEIRO PALMEIRIM DE INGLATERRA* (FTD) - UM CORDEL DE CAVALARIA. SEMPRE COM ILUSTRAÇÕES DE JÔ OLIVEIRA, LANÇOU OUTROS TEXTOS DE LITERATURA DE CORDEL, COMO *MATINTA PEREIRA* (EDITORA SESI-SP), *O BODE E A ONÇA* (LEYA), ALÉM DA ADAPTAÇÃO DA PEÇA DE WILLIAM SHAKESPEARE, *MUITO BARULHO POR NADA* (AMARILYS).

Luan Mathias

Luyse Costa é ilustradora, paraibana de João Pessoa e graduada em História pela Universidade Federal da Paraíba. Desde criança adorava desenhar, mas foi durante a graduação que descobriu que ilustrar poderia ser mais do que uma brincadeira. Hoje ela vive na capital paulista e já emprestou seu traço a diversos livros para adultos e crianças. Além de *Chá de Sumiço e Outros Poemas Assombrados* (Autêntica Editora) - contemplado pelo PNBE, dela são os traços dos livros *O Sonho Secreto de Alice* e *Diana, Luana, Luanda* da Coleção Sonhos de Ser (Editora DSOP) e *Augusto dos Anjos em quadrinhos* (Editora Patmos). Luyse também é autora e ilustradora de *Anayde Beiriz - uma biografia em quadrinhos*, contemplado pelo FMC.